Ein Geschenk für:

von:

Erotische Stunden

Mein Schatz,

gemeinsam Erotik und Leidenschaft zu erleben ist nicht selbstverständlich. Damit wir dieses Geschenk nicht verlieren, erhältst du von mir das persönliche Gutscheinbuch für erotische Momente. Es wird uns sinnliche Augenblicke verschaffen und unsere Phantasie anregen. Die Gutscheine (die du natürlich nur bei mir einlösen kannst), kleinen Tipps und Rezepte sollen dich inspirieren und zu unbekannten Abenteuern verleiten. Nichts ist ein Muss – nur du alleine entscheidest, welche Gutscheine du einlöst. Ich hoffe, du genießt diese spannende Reise gemeinsam mit mir!

Denn du weißt ja, kleine Gesten sagen oft mehr als tausend Worte ...

Geliebte

Du wirst deine Geliebte erst dann richtig beurteilen können, wenn du dich als denjenigen zu denken vermagst, der dein Nachfolger sein wird.

Arthur Schnitzler

„Sinnliche Momente"

(Cocktail für zwei Personen)

ZUBEREITUNG

Eiswürfel, Batida, Sahne, Bananensaft, Maracujanektar, Ananassaft und Rum in einen Shaker geben und ca. 30 Sekunden lang kräftig schütteln.

Zwei Gläser zur Hälfte mit zerstoßenen Eiswürfeln füllen und den Inhalt des Shakers darüberschütten. Die Gläser mit den Früchten garnieren.

ZUTATEN

- frisches Obst (Erdbeeren, Aprikosen, Ananas)
- 10 Eiswürfel
- 4 cl Batida de Coco
- 4 cl süße Sahne
- 8 cl Bananensaft
- 8 cl Maracujanektar
- 12 cl Ananassaft
- 8 cl weißen Rum

In jedes gute Herz ist das edle Gefühl von der Natur gelegt, daß es für sich allein nicht glücklich sein kann, daß es sein Glück in dem Wohl anderer suchen muß.

Johann Wolfgang von Goethe

Partner Massage

Das Wichtigste an einer sinnlichen Partnermassage ist die Atmosphäre. Schaffe deshalb für deinen Partner ein entspannendes Umfeld. Die Raumtemperatur sollte angenehm warm sein, ca. 24 Grad. Eine bequeme, aber nicht zu weiche Unterlage ist optimal für maximale Entspannung. Dimme das Licht oder stelle einige Kerzen auf.

Ein gut duftendes Massageöl erhöht den Wohlfühlfaktor. Wichtig ist, das Öl vorher ausreichend in den Händen zu erwärmen.

Richte dich bei der Partnermassage immer nach den Bedürfnissen und Wünschen deines Partners. Fange die Massage sanft an, die Intensität kann nach Wunsch erhöht werden. Grundsätzlich sollte die Massage immer zum Herzen und vom Kopf aus abwärts erfolgen.

Als wohltuend und entspannend wird als Auftakt eine Rücken- und Pomassage empfunden: Dabei sollte der Partner auf dem Bauch liegen. Rücken und Po werden großflächig mit flachen Händen ausgestrichen. Setze dich dazu am besten zwischen die Beine deines Partners und streiche von der Mitte nach oben und am seitlichen Körper wieder nach unten.

Erlaubt ist alles, was beiden gut tut!

Eine zusätzliche Schulter- und Rückenmassage lässt alle Verspannungen und Sorgen des Alltags verfliegen. Beim Nacken ist besondere Vorsicht geboten. Hier nur behutsam rechts und links der Halswirbelsäule nach oben und unten streichen.
Als besonders wohltuend wird zum Schluss sanfter Druck auf die beiden Punkte rechts und links der Halswirbelsäule am Schädelrand empfunden.

Neben einer behutsamen Hand- und Fußmassage mit reichlich Öl ist auch eine Brustmassage sehr anregend. Streiche deinem Partner dafür großflächig vom Halsansatz zwischen den Brustwarzen runter zum Bauch und dann an den Seiten hoch zum Schlüsselbein. Auch die Brüste und Brustwarzen können dabei sanft mit dem Öl eingerieben werden. Kreise als Abschluss mit den Fingerspitzen um die vordere Schulterpartie.

Der Fantasie sind bei der Partnermassage keine Grenzen gesetzt!

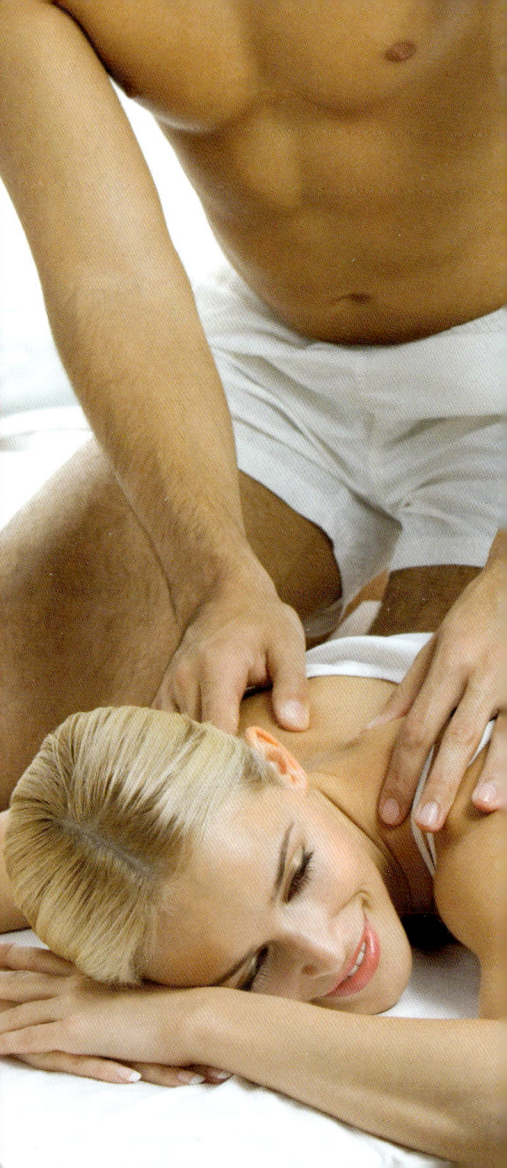

Reiz ist Schönheit in Bewegung.

Gotthold Ephraim Lessing

Gutschein

für eine romantische
Nachtwanderung

Die Top 20 der erotischen Filme

...Und immer lockt das Weib
(1957, Brigitte Bardot, Curd Jürgens)

Der letzte Tango in Paris
(1972, Maria Schneider, Marlon Brando)

Die flambierte Frau
(1983, Gudrun Landgrebe, Mathieu Carrière)

9 1/2 Wochen
(1986, Kim Basinger, Mickey Rourke)

Blue Velvet
(1986, Isabella Rossellini, Kyle MacLachlan, Dennis Hopper, Laura Dern)

Eine verhängnisvolle Affäre
(1987, Glenn Close, Michael Douglas)

Wilde Orchidee
(1990, Jacqueline Bisset, Carré Otis, Mickey Rourke)

Verhängnis
(1992, Juliette Binoche, Jeremy Irons)

Der Liebhaber
(1992, Jane March, Tony Leung Ka-Fai)

Basic Instinct
(1992, Sharon Stone, Michael Douglas)

Bitter Moon
(1992, Emmanuelle Seigner, Kristin Scott Thomas,
Peter Coyote, Hugh Grant)

Salz auf unserer Haut
(1992, Greta Scacchi, Vincent D'Onofrio)

Ein unmoralisches Angebot
(1993, Demi Moore, Robert Redford, Woody Harrelson)

Color of Night
(1994, Jane March, Bruce Willis)

Showgirls
(1995, Elizabeth Berkley, Kyle MacLachlan)

Striptease
(1996, Demi Moore, Burt Reynolds)

Lolita
(1997, Melanie Griffith, Jeremy Irons)

Eyes Wide Shut
(1999, Nicole Kidman, Tom Cruise)

Die Klavierspielerin
(2001, Isabelle Huppert, Benoît Magimel)

Der Swimmingpool
(2002, Charlotte Rampling, Ludivine Sagnier)

Jeder Tag hat seine Plage,
und die Nacht hat ihre Lust.

Johann Wolfgang von Goethe

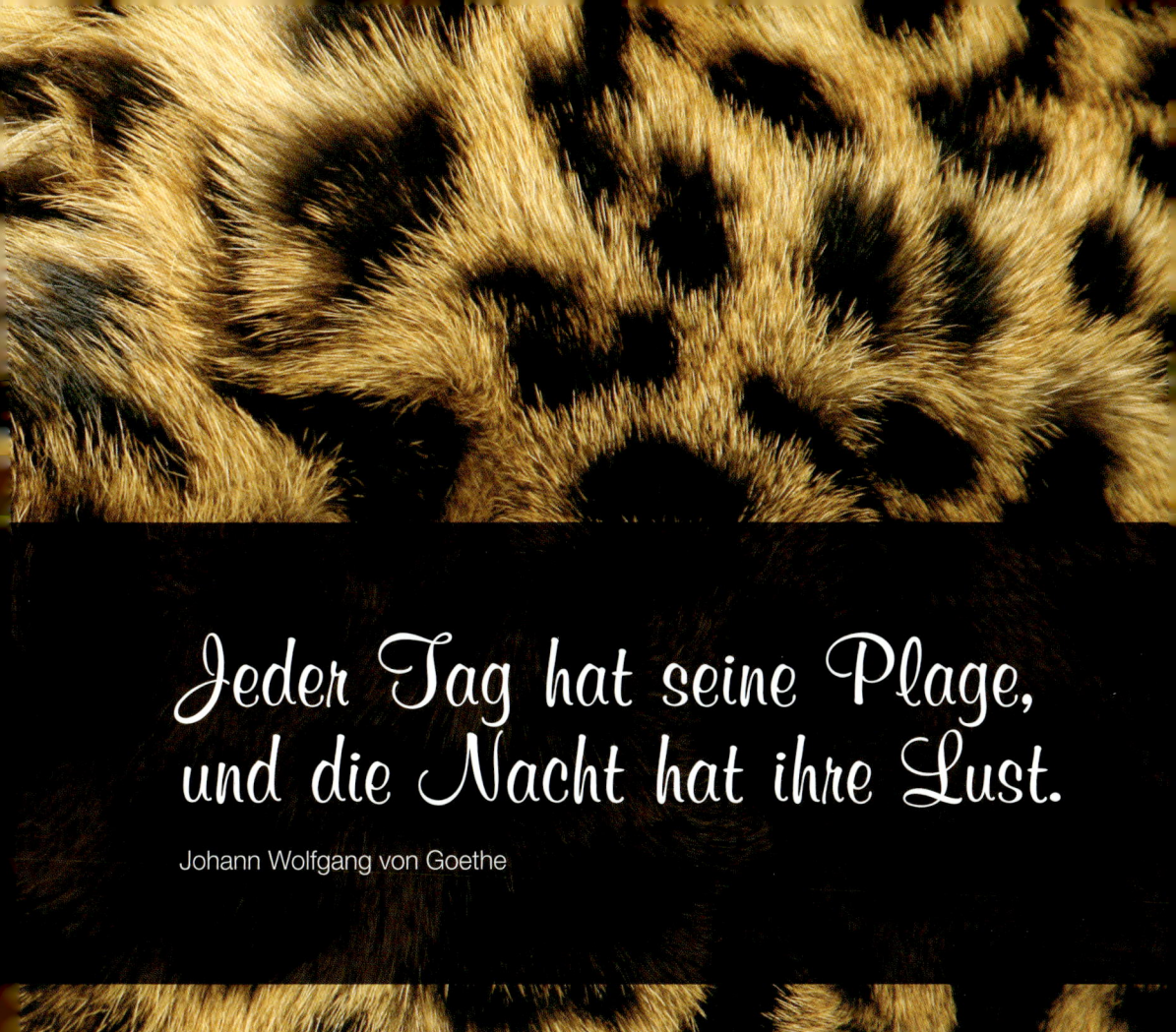

Ohne alle Sinnlichkeit kann keine Liebe sein.

August von Platen

Gutschein

für einen selbst gemixten aphrodisischen Cocktail

Denn um es endlich einmal herauszusagen,
der Mensch spielt nur, wo er in voller
Bedeutung des Wortes Mensch ist,
und er ist nur da ganz Mensch,
wo er spielt.

Friedrich von Schiller

Heiße Schokolade

(für zwei Personen)

Als aphrodisische Gewürze sind Ingwer, Safran, Vanille, Zimt, Kardamom, Nelken und Muskatnuss hoch im Kurs, denn die ätherischen Öle dieser Gewürze besitzen stimulierende, teilweise sogar berauschende Wirkung. Auch Pfeffer und Chili wirken anregend.

ZUBEREITUNG

Das Kakaopulver mit kochendem Wasser übergießen und nach Geschmack die Gewürze hinzugeben. Das Ganze mit einer Prise Chilipfeffer und dem Inhalt einer Vanilleschote verfeinern und nach Bedarf süßen.

Fünf Minuten ziehen lassen und danach zu zweit genießen!

GARANTIERT HEISS!

ZUTATEN

- 10 TL reines Kakaopulver
- 500 ml Wasser
- 3 Msp Kardamom
- 2 Msp Nelken
- 2 TL Zimt
- 1 Vanilleschote
- 1 Prise roten Chilipfeffer
- Zucker oder Honig nach Belieben

Zärtlichkeit
ist eine Waffe.

Clemens Brentano

Sinnliche Körperöle

Mische für deinen Partner oder zusammen mit deinem Partner ein erotisches Massageöl, mit dem ihr euch gegenseitig verwöhnen könnt. Die Intensität und die Duftnote wählt ihr ganz nach eurem eigenen Geschmack aus.

Die Herstellung ist einfach:
Auf 100 ml Basisöl kommen 10 bis 25 Tropfen ätherisches Öl.

Als sinnlich werden besonders diese Duftnoten empfunden:

- Patschuli
- Vanille
- Moschus
- Neroli
- Weihrauch
- Ingwer
- Zimt
- Tuberose
- Zitronengras
- Iris

Aphrodisierend wirken z. B. folgende Düfte:

- Jasmin
- Rose
- Sandelholz
- Bergamotte

Entspannung und Wohlgefühl versprechen diese Duftnoten:

- Ylang-Ylang
- Lavendel
- Orangenblüte
- Geranie
- Majoran

Versuche den Duft erst vorsichtig mit 5 Tropfen und steigere die Menge dann nach deinem eigenen Empfinden.

Viel Spaß beim Selbermischen und Genießen!

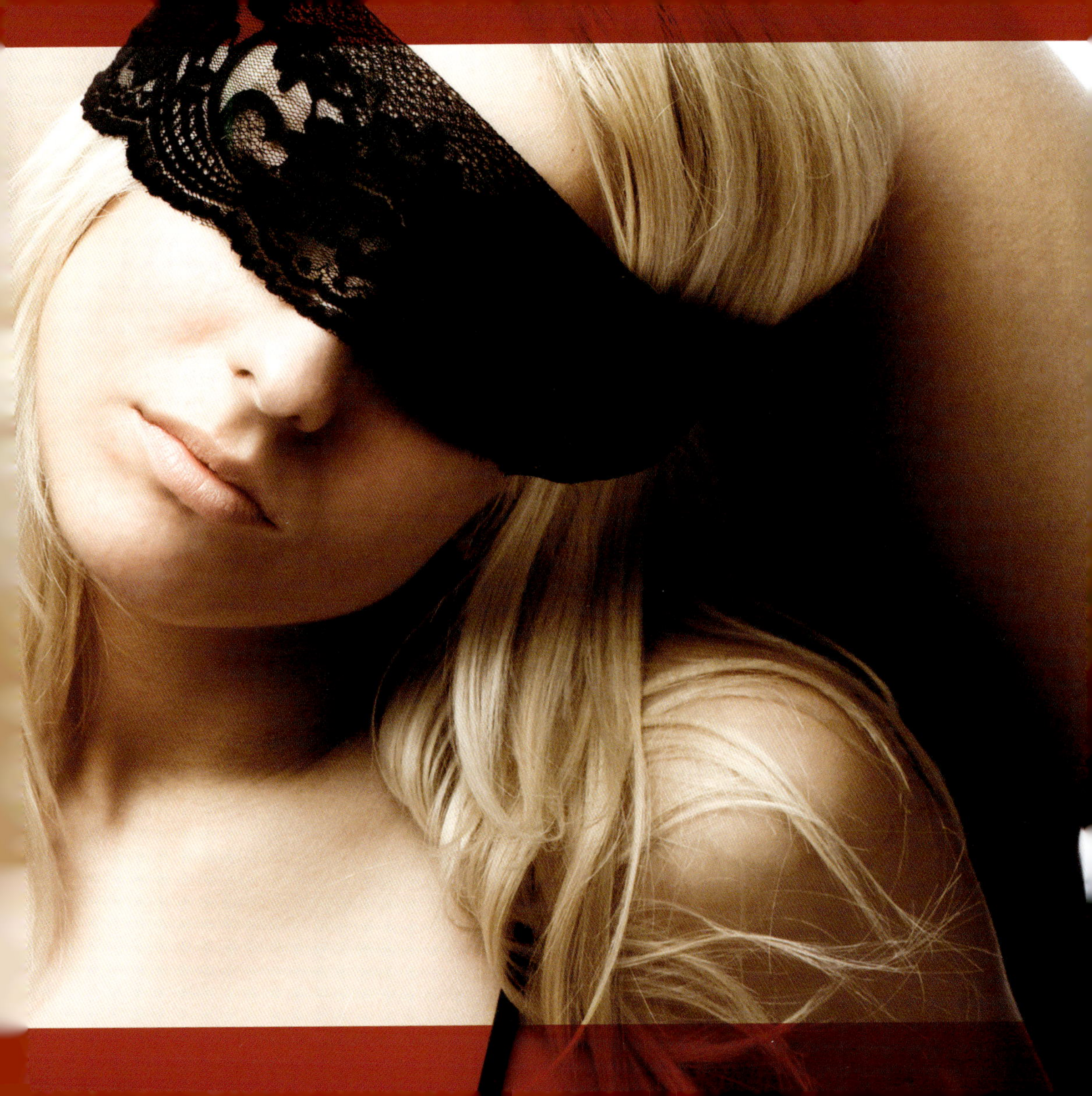

Kosenamen ...

... im Wandel der Zeit

Die Kosenamen, die man seiner Liebsten/seinem Liebsten gibt, haben sich im Laufe der Jahrhunderte immer wieder stark verändert.

16.-17. Jahrhundert:

Anfang meiner Lust • Bezwingerin der Sinne • Der Erden schönste Zier • Mein schönstes Verlangen • Göttin meines Herzens • Meine Augenlust • Meine Lust und Pein • Meine Seelenlust • Prinzessin meiner Sinne • Süße Glut, die meinen Geist erhitzt • Wurzel der Wonne

18.-19. Jahrhundert:

Der Schönheit Fürstin • Engel Gottes • Götterbotin • Herzliebste • Kleinod • Meines Lebens Lust • Nahrung meiner Flammen • Rätselvolle • Tyrann meiner Sinne

Gegenwart:

- Wilder Tiger
- Teufelsweib
- Schmusekätzchen
- Schmusekater
- Heiße Apfeltasche
- Süßer Muffin
- Mein Adonis
- Mein Held
- Sonne meines Daseins
- Mein Engelsauge

Die einzige Möglichkeit,
eine Versuchung zu überwinden,
ist, sich ihr hinzugeben.

Oscar Wilde

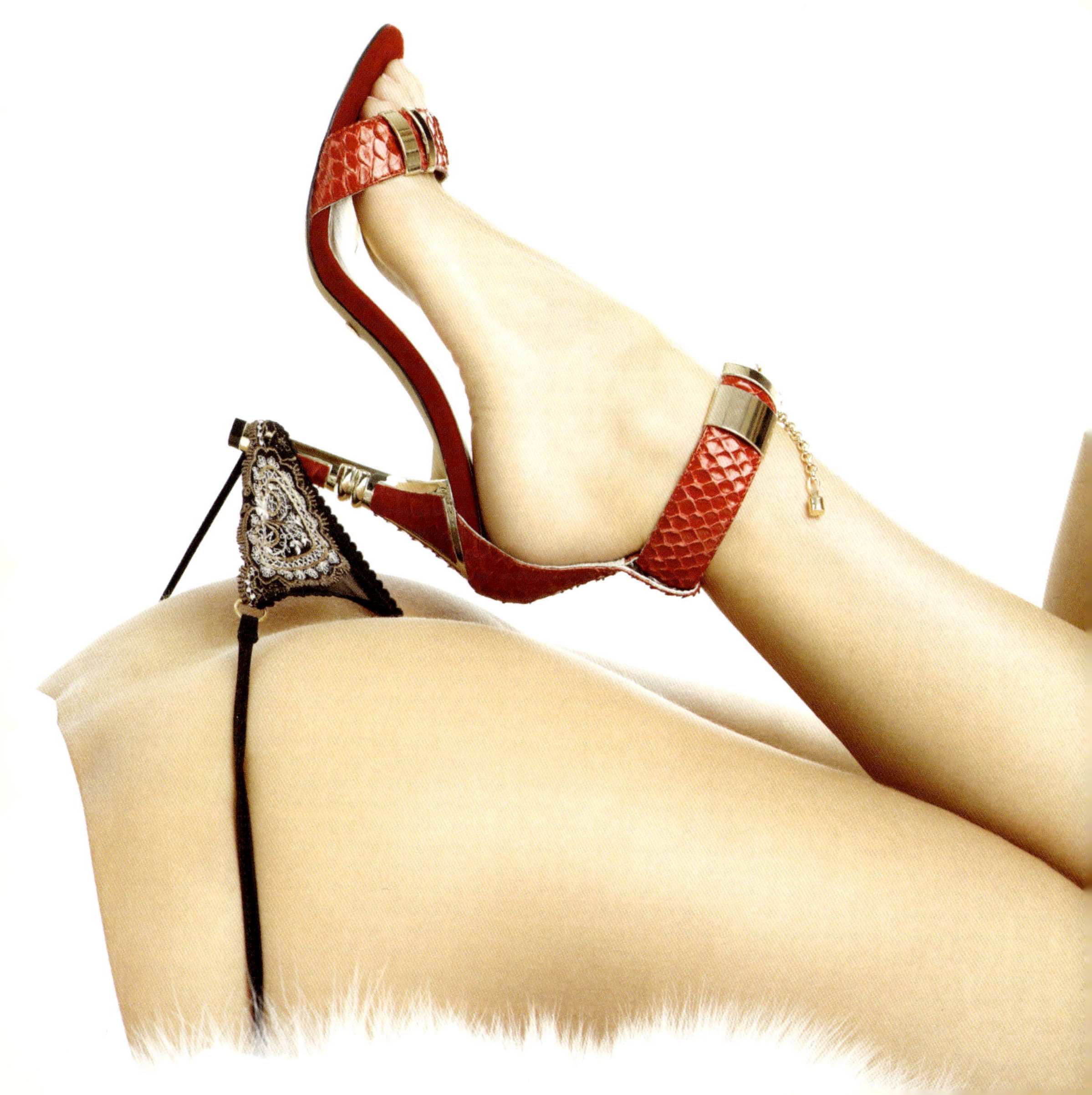

Der Frauenleib ist der Anstiftung dringend verdächtig.

Kurt Tucholsky

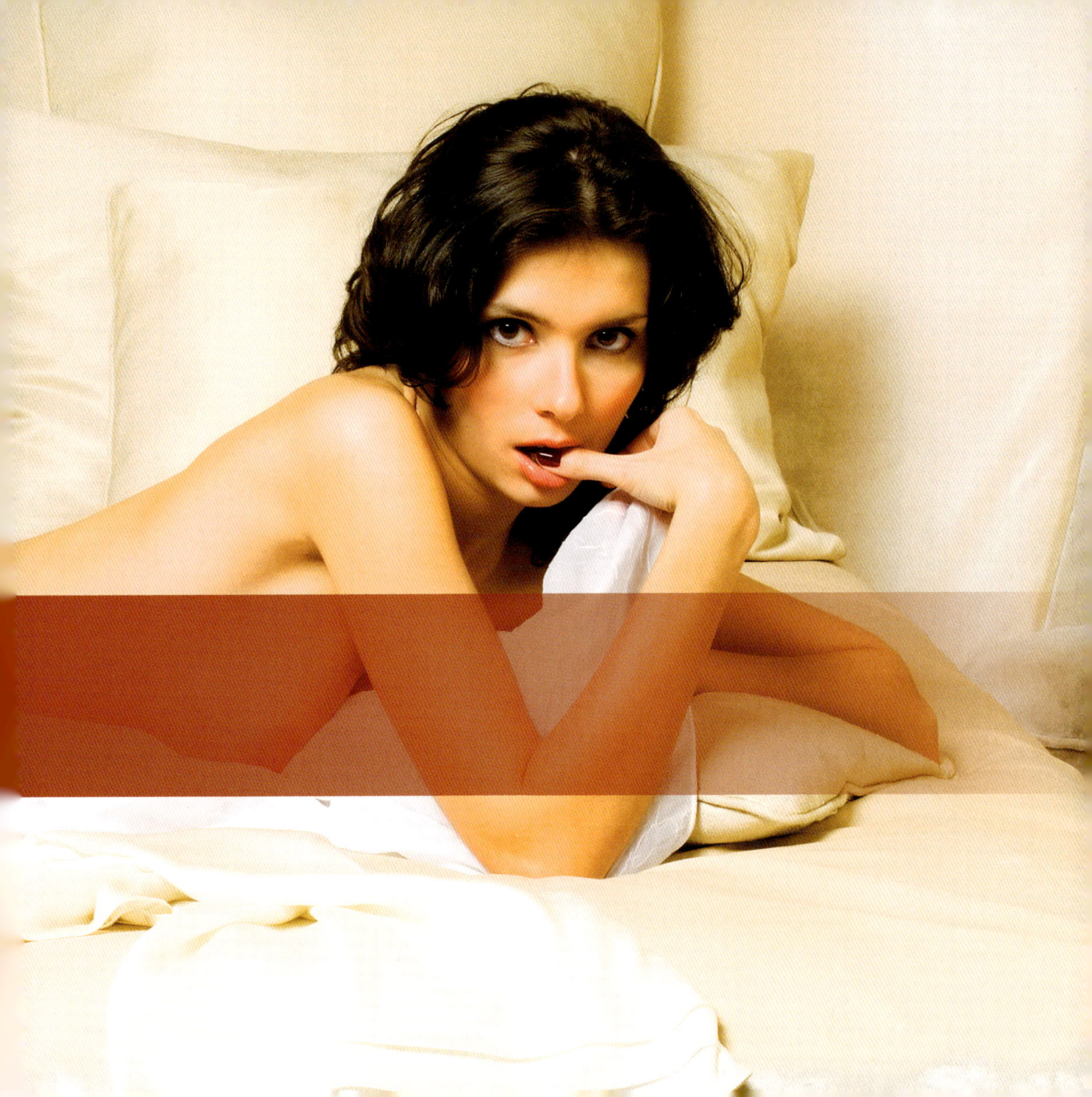

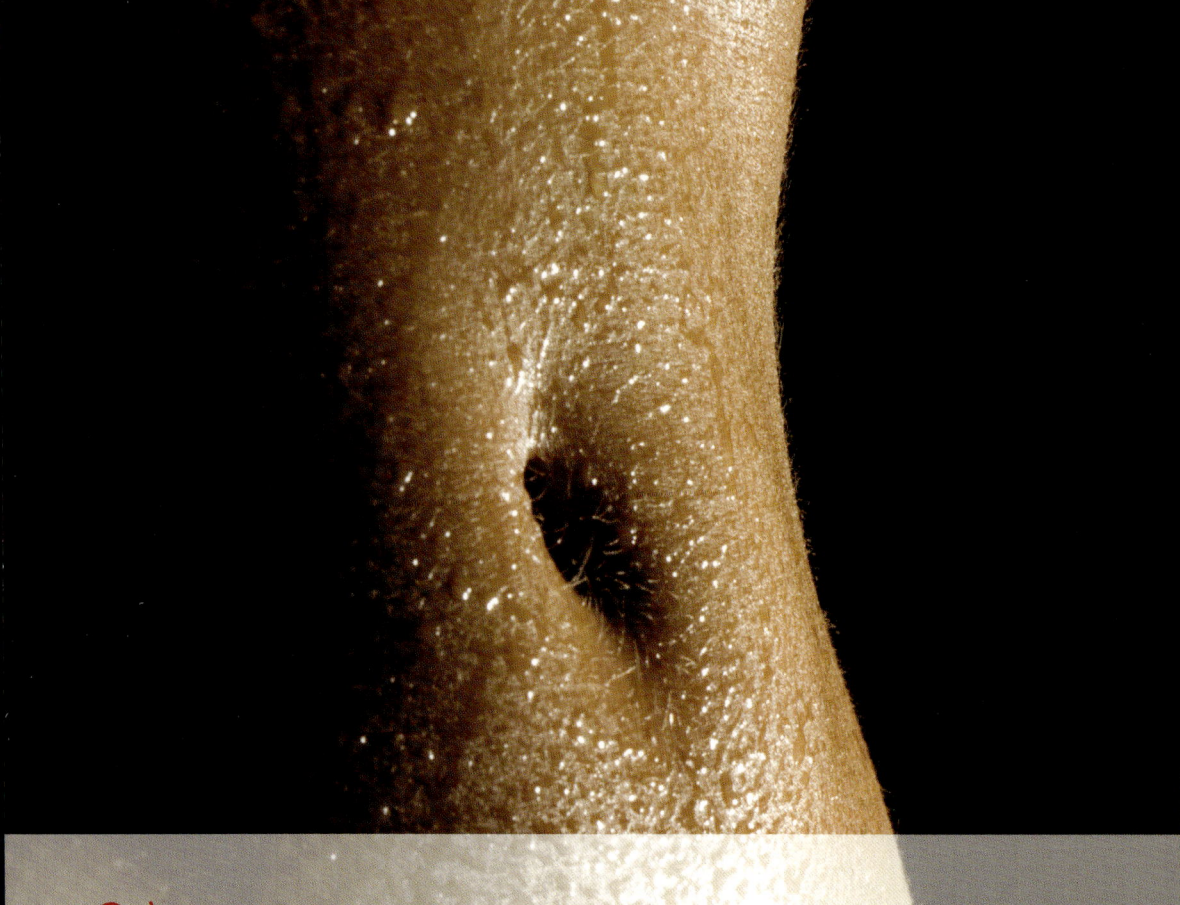

Vernunft verbietet nicht die Sinnlichkeit.

Heinrich Heine

Gutschein
für einmal Sekt aus meinem Bauchnabel trinken

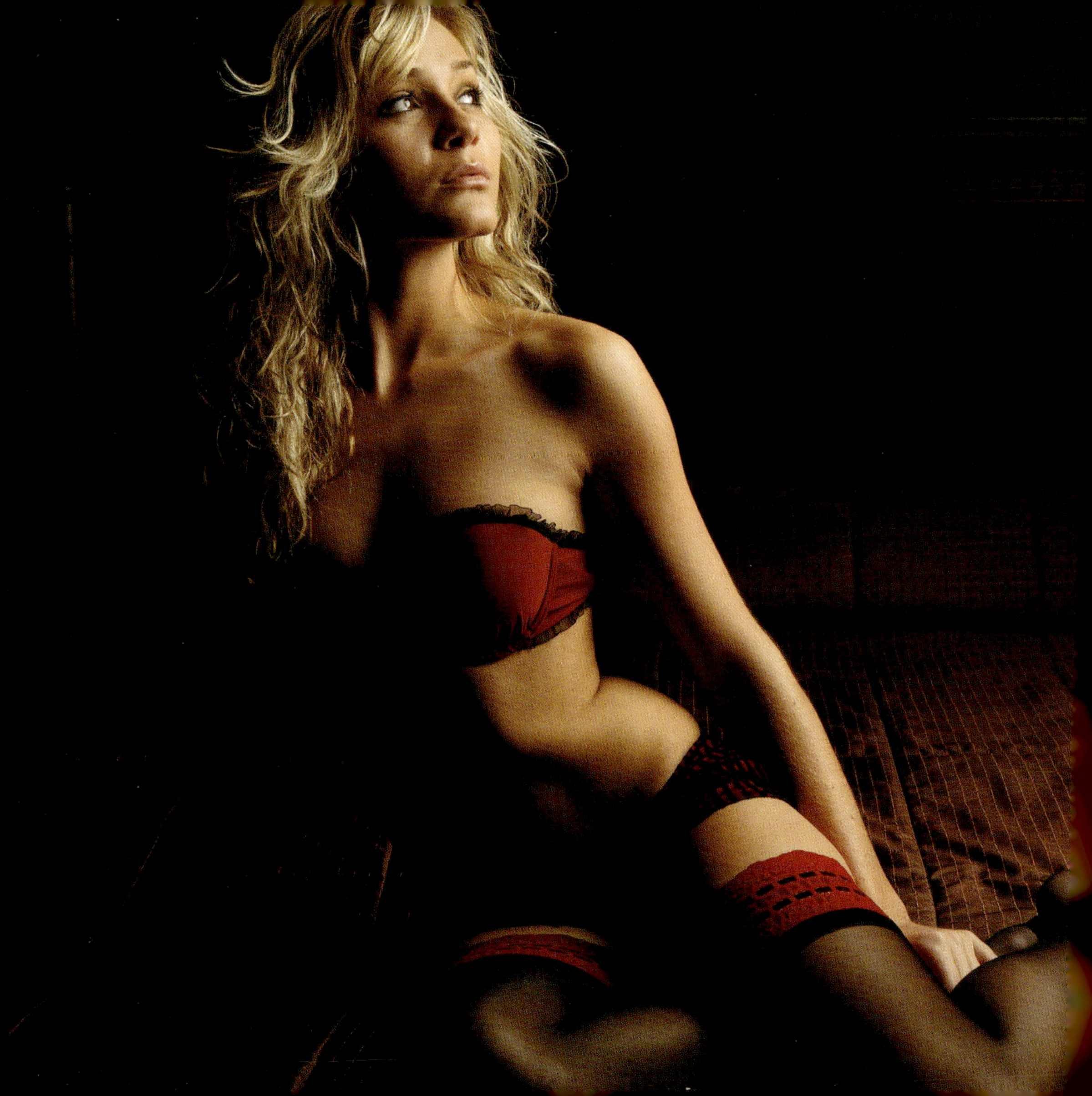

Schönheit ist die vollkommene Übereinstimmung des Sinnlichen mit dem Geistigen.

Franz Grillparzer

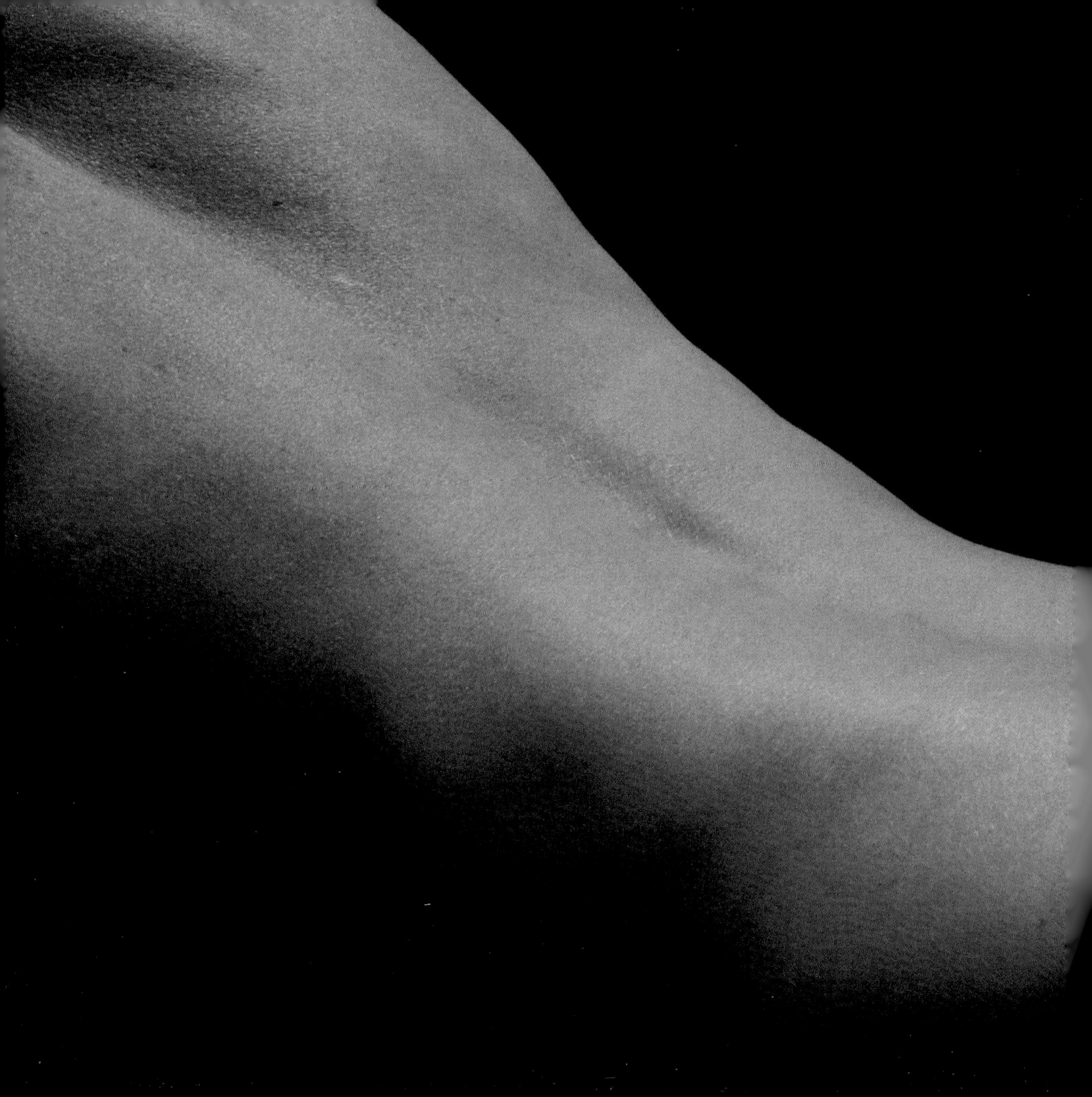

Nur in Versuchung immer wieder fallend, erheben wir uns.

Christian Morgenstern

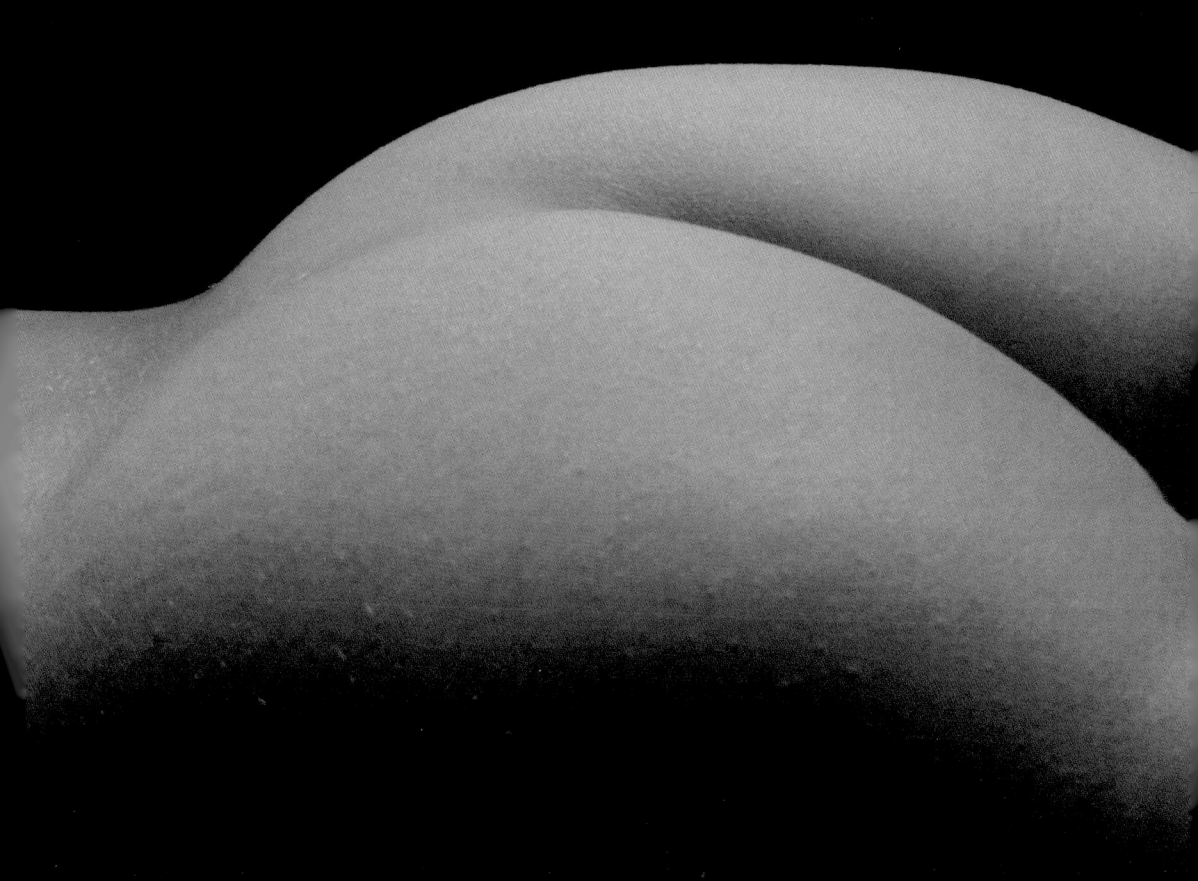

www.gutscheinbuch.de

Dein zusätzliches Geschenk*:
Zahlreiche Gutscheine aufs Handy – auch in Deiner Nähe!

z.B. Gastronomie-Gutscheine
- **2für1** Hauptgericht
- **2für1** Pizza
- **2für1** Cocktail

z.B. Freizeit-Gutscheine
- **2für1** Eintrittskarte in die Therme
- **2für1** Eintrittskarte ins Konzert
- **2für1** Eintrittskarte in den Zoo

z.B. Reise-Gutscheine
- **5% Rabatt** auf die Pauschalreise
- **100 Euro Bonus** auf die Pauschalreise

z.B. Shopping-Gutscheine
- **20 % Rabatt** auf Deinen Einkauf
- **10 Euro Nachlass** auf Deine Bestellung

und noch viele mehr ...

Dein Handy als Schnäppchenführer!

- ☑ In ganz Deutschland, auch in Deiner Nähe
- ☑ Kostenlos viele tausende Gutscheine, Angebote und Schnäppchen
- ☑ Auf iPhone, Android und internetfähigen Handys

Registriere Dich kostenlos mit Deiner persönlichen Seriennummer

```
100400053394XAE
```

Weitere Informationen unter:
www.gutscheinbuch.de/geschenkbuch

*Ab Anmeldung drei Monate gültig, Registrierung bis 30.09.2015.

Impressum

Herausgeber und Verleger:
Kuffer Marketing GmbH
Würzburger Straße 5
93059 Regensburg

Tel. 0941/56 81 89-0
Fax 0941/56 81 89-15

E-Mail: info@gutscheinbuch.de

Idee und Konzeption:
Kuffer Marketing GmbH

Druck: pms Offsetdruck GmbH
Sperbersloher Straße 124,
90530 Wendelstein

© 2010 Kuffer Marketing GmbH

Weitere Bücher aus dieser Serie:

Persönliches Geschenkbuch ...

... für meinen Schatz (ISBN 978-3-942440-00-4)

... für Pferdefreunde (ISBN 978-3-942440-07-3)

... für Glücksmomente (ISBN 978-3-942440-05-9)

... für die beste Freundin (ISBN 978-3-942440-10-3)

... für Wellnessfans (ISBN 978-3-942440-12-7)

... für Schokoliebhaber (ISBN 978-3-942440-11-0)

... für Katzenliebhaber (ISBN 978-3-942440-08-0)

... für Hobbyköche (ISBN 978-3-942440-09-7)

... für meine Mama (ISBN 978-3-942440-04-2)

... zur Hochzeit (ISBN 978-3-942440-01-1)

... zum Geburtstag (ISBN 978-3-942440-02-8)